Liebe Mütter, liebe Väter, liebe Omas,
liebe Opas, liebe Tanten, liebe Onkel,
liebe Lehrerinnen und Lehrer!

Kinder, die schon lesen können, sollten diese Kompetenz stärken. Etwas stärken zu wollen, heißt immer etwas zu üben. Und Üben muss mit Erfolgserlebnissen untrennbar verbunden sein.

Die Bücher für die 2. Klasse sind so aufgebaut, dass sie durch spannende, lustige und lehrreiche Inhalte zum Lesen ermuntern. Die Sprache ist dem Alter der Kinder angepasst und ermöglicht ein konstantes Aufbauen des Wortschatzes. Kindgerechte, farbige Illustrationen auf jeder Seite begleiten die Kinder zu einem lustigen Leseerlebnis.

Wir wünschen Ihren Kindern viel Freude beim Lesen!

Ihr G&G Verlag
Lesepädagogisches
Lektorat

Besonders möchten wir Sie darauf hinweisen, dass der G&G-Lesezug vom **Österreichischen Buchklub der Jugend** empfohlen wird!

Claudia Skopal

Laura und das Katzenbaby

Mit Illustrationen von

Andrea Dölling

G&G

Von Claudia Skopal im G&G-Lesezug weiters erschienen:

„Luna, das zauberhafte Einhorn“, Lesezug 1. Klasse, ISBN 978-3-7074-2198-9
„Mit Papa auf der Ritterburg“, Lesezug 1. Klasse, ISBN 978-3-7074-1969-6
„Einhorn Luna – Die Suche nach dem Zauberkristall“, Lesezug 2. Klasse, ISBN 978-3-7074-2376-1

Begleitmaterial zu diesem Buch finden Sie unter
www.lesezug.at
zum Gratis-Download!
Weitere Informationen siehe Seite 40.

www.ggverlag.at

ISBN 978-3-7074-2002-9

In der aktuell gültigen Rechtschreibung

5. Auflage 2022

Reihengestaltung: Carola Holland
Illustration: Andrea Dölling

Gedruckt in Europa

Inhalt

Hallo Katzenbaby

„Laura! Laura!"
Natalie läuft durch die Wohnung.
Sie öffnet Türen und knallt sie wieder zu.
Sie späht in Kästen und zieht die
Schubladen aus der Kommode.
Sie läuft von Zimmer zu Zimmer
und macht dabei großen Lärm.
„Laura!"
Doch Laura antwortet nicht.
Wo treibt sie sich nur wieder herum?
Natalie legt den Kopf schief und denkt nach.
Wo kann sich so ein großes Mädchen
noch verstecken? Sie macht den Kühl-
schrank auf und sieht eine Tafel Schokolade.

Wenn es so heiß ist, legt Laura ihre Schokolade immer zum Kühlen in den Kühlschrank. Natalie greift danach. „Laura, ich esse jetzt deine Schokolade!!!", ruft sie und beißt ab.

Natalie ist Lauras Babysitterin, obwohl sie nur ein paar Jahre älter ist.

Laura findet das gemein.
Sie wäre schon lieber ganz alleine
zu Hause.
Mama und Papa aber glauben,
dass sie noch zu klein dafür ist.
Dabei ist Laura schon acht Jahre alt.
„Lauraaaaa!", tönt Natalies Stimme
durch das ganze Haus.
Laura liegt im Schlafzimmer ihrer Eltern
unter dem massiven Bett und gibt
keinen Laut von sich. Vor ihr
auf dem Boden liegt das große Tierbuch.

Oma hat es ihr zu Weihnachten geschenkt,
weil Laura Tiere so lieb hat.
„Welches Tier hast du am liebsten?",
hat sie Laura gefragt.

Das ist ganz klar, einen Hamster natürlich.
Ihre Freundin Steffi hat einen
und der läuft den ganzen Tag im Hamsterrad oder kuschelt sich in ihren Schoß.
„Kann ich auch einen haben?“,
hat Laura Mama und Papa gefragt,
aber ihre Eltern mögen keine Haustiere.

Laura hört, wie Natalie
das ganze Haus nach ihr absucht.
Jetzt ist sie gerade im Badezimmer
und öffnet sogar die Waschmaschine.
Laura schüttelt genervt den Kopf.
Natalie ist echt zu blöd.
Wie soll Laura in die Trommel
einer Waschmaschine passen?

Die Schlafzimmertür wird geöffnet
und Natalie schaut unter das Bett.
„Da bist du! Komm, wir müssen noch
in den Müllraum."
Natalie zerrt Laura unter dem Bett hervor.
Sie nehmen die großen Müllsäcke
und fahren mit dem Lift ins Erdgeschoss.

Miiie…,
mie…

„Was ist das für ein Geräusch?",
fragt Laura im Müllraum.
„Ich höre nichts", sagt Natalie und knallt
den Deckel des Mistkübels zu.
Laura aber ist sich ganz sicher:
Da hat doch etwas gepiepst!
Sie geht um den Mistkübel herum.
„Natalie, komm schnell!", ruft sie.
„Ich habe eine Katze gefunden."
Und richtig. In einer Ecke
des Müllraums sitzt ein Katzenbaby
und miaut.

Restmüll
A+M

Laura wird Katzenmama

Die kleine Katze tapst über den Küchentisch.
Die Ohren gespitzt, den Schwanz aufrecht,
rutscht sie geradewegs auf Laura zu.
„Wie niedlich!", ruft diese erfreut.
Natalie aber macht sich Sorgen.
„Wir hätten die Katze nicht mitnehmen
dürfen. Sicherlich gehört sie jemandem."
„Dann wäre sie doch nicht bei den

Mistkübeln gesessen, oder?", fragt Laura ärgerlich. Natalie und ihre Sorgen verderben ihr den ganzen Spaß.

„Was deine Eltern wohl dazu sagen werden? Wir sollten die Katze zurückbringen."

„Nein", sagt Laura entschieden und setzt die Katze auf ihren Schoß.

„Sie ist noch ein Baby und braucht eine Mama."

„Ha, ha." Natalie lacht viel zu laut, sodass sich die Katze erschrocken an Laura klammert. „Du bist doch viel zu klein, um eine Mama zu sein. Das schaffst du nie!"

Jetzt reicht es Laura aber.

Sie kann zwar Natalie nicht
aus der Wohnung schmeißen, aber in
ihrem Zimmer einsperren
kann sie sich schon.
Wütend geht sie ins Zimmer,
sperrt die Türe zu und setzt sich
mit der Katze mitten unter ihre Spielsachen
auf den Boden. Durch die Tür hört sie
noch immer, wie Natalie lachend
durch die Wohnung läuft.
Sanft streichelt Laura über das grau
gefleckte Fell des Katzenbabys.
„Mach dir keine Sorgen", sagt sie.
„Ich werde gut auf dich aufpassen."
Die Katze sieht Laura neugierig an.

Da erst sieht Laura, dass sie zwei blitzblaue Augen hat. Mit ihrer kleinen rosa Zunge streicht sich die Katze über das Fell.
Dann rollt sie sich müde auf Lauras Schoß zusammen und fängt an zu schnurren.
Als Mama und Papa nach Hause kommen, schläft Laura schon. Die kleine Katze liegt dicht an ihren Kopf gekuschelt und schläft auch.

Karin Katze

Als Laura am nächsten Morgen
zum Frühstück kommt,
sieht Papa nachdenklich aus.
Auch Mama ist komisch still.
„Guten Morgen", sagt Laura und presst
die kleine Katze dicht an sich.

„Guten Morgen", sagt Mama und stellt Laura ihre Schüssel mit Müsli hin. „Ist das die Katze, die Natalie gefunden hat?", fragt Papa und zeigt auf das Babykätzchen.

„Die *ich* gefunden habe", ruft Laura empört, aber Papa winkt ab. Für ihn macht das keinen Unterschied.

„Ich werde heute einen Zettel ans schwarze Brett hängen", sagt Mama. „Vielleicht findet sich ja der Besitzer."

„Und ich werde in der Arbeit ein E-Mail an alle Mitarbeiter schreiben. Es findet sich sicher jemand, der eine Katze haben möchte", sagt Papa.

Er holt die Kamera und macht ein Foto
von dem Kätzchen.
„Aber ich will die Katze doch behalten!",
ruft Laura. „Das ist doch noch ein Baby
und braucht mich!"
Aus lauter Wut und Verzweiflung
rinnen Laura die Tränen über die Wangen.
Mama und Papa schauen sie
erschrocken an.
„Ein Haustier macht viel Arbeit", sagt Papa.
„Und kostet viel Geld", sagt Mama.
„Das bezahle ich alles
von meinem Taschengeld, versprochen.
Und ich werde mich die ganze Zeit
um sie kümmern!"

Tierarzt
Dr. Kater

Es ist höchste Zeit für die Schule.
Mama nimmt Laura die Katze
aus der Hand und hält ihr
die Schultasche hin.
Laura wirft noch einen
letzten Blick auf das Katzenbaby,
dann zieht sie Schuhe und
Jacke an und verlässt das Haus.

Als sie mittags nach Hause kommt,
ist Oma da. Sie steht in der Küche
und rührt die Nudeln im Topf um.
Neben ihr sitzt die Katze
auf der Arbeitsfläche und spielt
mit einem Wollknäuel.

„Oma! Oma!"
Laura schmeißt die Schultasche
in eine Ecke und fällt der Oma
um den Hals.
Oma umarmt und knuddelt sie ganz fest,
weil Laura so schrecklich weinen muss.
„Sie wollen mir
die Katze wegnehmen",
schluchzt sie.
Oma streicht ihr
über die Haare.

Dann setzt sie Laura neben die Katze auf die Arbeitsfläche.
„Wie heißt deine Katze eigentlich?", fragt sie.
Da muss Laura lachen. Sie hat in der ganzen Aufregung völlig vergessen, der Katze einen Namen zu geben.
„Wie heißt denn du?", fragt sie ihre Oma.
„Karin", sagt diese.
„Dann soll die Katze auch Karin heißen.
Karin Katze."
Oma überlegt einen Moment.
„Ja, das gefällt mir", sagt sie dann, und da müssen beide lachen.

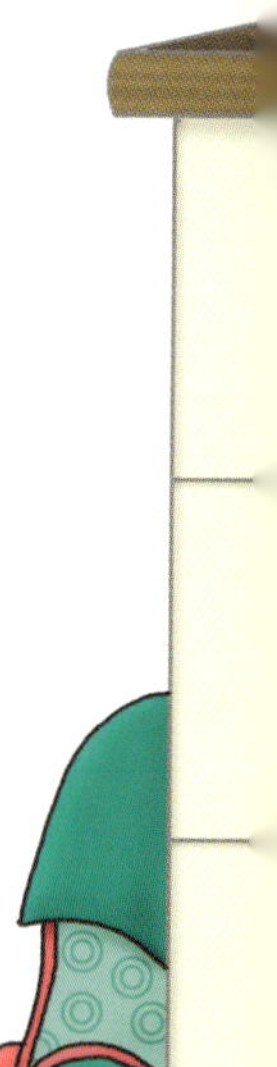

In der Schule

Seit einer Woche wohnt Karin bei Lauras Oma. Sie hat Laura versprochen, sich gut um die Katze zu kümmern, und Laura hat Oma versprochen, immer nach der Schule vorbeizukommen. Heute aber muss Laura vor der Schule zu Oma, weil sie gestern dort ihr Lesebuch vergessen hat.
Oma steht schon am Gang, die Wohnungstür halb geöffnet.
Karin streicht um Lauras Beine, während Oma ihr das Buch in die Hand drückt.

Als Laura in der Schule ankommt,
ist es schon spät.
Schnell läuft sie ins Klassenzimmer und
setzt sich an ihren Platz. Die Lehrerin ist
schon da und kritzelt etwas an die Tafel.

Plötzlich piepst es unter Lauras Tisch.
Laura bückt sich, kann aber nichts
Ungewöhnliches erkennen.
Jetzt schon wieder.
Auch die anderen Kinder bücken sich und
schauen unter die Tische.
Als Laura den Deckel ihrer Schultasche
hochklappt, schauen ihr zwei blitzblaue
Katzenaugen entgegen.
„Miau", macht Karin Katze.
Laura will den Deckel schnell wieder
zumachen.
Doch Karin ist schneller und hüpft aus der
Tasche. Sie läuft geradewegs auf Stefans
Schuhbänder zu.

„He!“, ruft dieser und die Lehrerin dreht sich um.
„Was ist los, Stefan?“, fragt sie.
„Nichts“, sagt Stefan mit schmerzverzerrtem Gesicht. Karin wetzt die Krallen an seinen Socken.

Laura versucht, Karin zu sich zurück
zu locken.
Jetzt wird die Lehrerin misstrauisch.
„Was habt ihr denn alle? Los,
raus mit der Sprache."
In diesem Moment entdeckt Lisa das
Katzenkind. „Wie süß!", ruft sie.
„Ein kleines Kätzchen."

Sie nimmt das Tier in ihre Arme
und streichelt es.
Auch die anderen Kinder
wollen die Katze halten.
„Na so etwas. Wie ist denn die hier
hereingekommen?", fragt die Lehrerin
und nimmt die Katze auf den Arm.

„Das ist meine", sagt Laura und alle drehen sich nach ihr um. „Sie muss sich in meiner Schultasche versteckt haben, als ich bei Oma war."
„Und wie heißt sie?", fragt die Lehrerin.
„Karin. Karin Katze", sagt Laura stolz.
„Weil Karin so süß ist, darf sie heute ausnahmsweise in der Schule bleiben", sagt die Lehrerin und die Kinder sind begeistert.
Während der folgenden Schulstunden sitzt Karin mal auf dem Schoß des einen Kindes, dann wieder auf dem Tisch des anderen. Am liebsten aber sitzt sie bei ihrer Katzenmama Laura.

Arbeitsblatt
Laura
Deutsch

Die Entscheidung

Mama und Papa sind gar nicht erfreut, dass Karin in Lauras Schule war.
„Karin braucht ein Zuhause mit Kindern“, sagt Mama, und Papa nickt.
„Wir wollen sie nicht haben und für Oma ist es zu viel Arbeit“, sagt Papa, und Mama nickt.
„Ich will sie schon, nur ihr wollt sie nicht“, sagt Laura trotzig, und Mama und Papa nicken.
„Mein Arbeitskollege hat zwei Kinder, die sich eine Katze wünschen.
Die werden sich gut um Karin kümmern“, sagt Papa.

Noch am gleichen Abend fahren er und Laura zu der Familie. Ein Mädchen in Lauras Alter öffnet die Tür.
„Das ist Lena", sagt Papa und will Laura die Katze aus der Hand nehmen. Doch Karin will nicht von ihrer Katzenmama weg.
Sie krallt sich in Lauras Pulli und miaut kläglich. Auch Laura weint.

„Bitte, Papa. Lass mich Karin behalten", schluchzt sie.
Doch Papa will davon nichts wissen.
Er begrüßt seinen Arbeitskollegen und drückt Lena die Katze in die Hand.
Auf der Autofahrt nach Hause rinnen Laura die Tränen unaufhörlich über die Wangen.

Sie verbraucht eine ganze Packung Taschentücher. Als sie aussteigt, knallt sie die Autotür voller Wut zu.

„Ich hasse dich!", schreit sie Papa an und will in ihr Zimmer rennen.

Mama aber fängt sie im Vorzimmer ab.

„Dein Kollege hat angerufen.

Karin ist verschwunden", sagt sie zu Papa.

„Sicher versucht sie nach Hause zu kommen", sagt Laura und zieht an Papas Ärmel. „Wir müssen sie sofort suchen."

Sie machen sich auf den Weg.

Auch Lenas Familie sucht mit.
Sie wollen die Katze von allen Seiten einkreisen.
Laura macht sich schrecklich Sorgen.
Karin ist doch noch ein Baby.
Hoffentlich ist ihr nichts passiert.
Nach einer Stunde treffen sich die Familien in der Mitte des Weges.
Keine hat Karin gefunden.
„Wo kann sie nur sein?" fragt Papa.
Laura schaut sich um.
Sie stehen vor einem Grünstreifen mit vielen Büschen und Pflanzen.
„Ich bin so müde", sagt Laura und setzt sich ins Gras.

Aber was ist das? Das Gras ist ja flauschig weich.

„Karin!", ruft Laura voller Freude.

Die kleine Katze hat sich unter
einer Pflanze zusammen-
gerollt und ist eingeschlafen.
Laura drückt sie fest an sich.
„Jetzt kommst du wieder nach Hause",
sagt sie zu der Katze. „Oder, Papa?"
Sie sieht Papa flehentlich an.
„Karin kommt doch nach Hause?"
Da muss Papa seufzen und
eine Träne wegwischen.
„Ist gut. Wir behalten sie. Ein Katzenbaby
braucht seine Katzenmama. Da kann man
nichts machen."
Als Laura sieht, wie traurig Lena ist,
tut sie ihr leid.

„Wenn du willst, kannst du
Karins Tante sein und immer
zum Spielen vorbeikommen!"
Das gefällt Lena.
Jetzt hat Karin eine Mama und eine Tante.
Und Laura eine Katze und eine neue
Freundin gefunden.

Gratis auf unserer Website:
Begleitmaterial zum Download für jeden Lesezug-Band!

Übungen zum Textverständnis, Wortschatzübungen, Schreibanlässe, Wörterbucharbeit und vieles mehr – genau angepasst an die jeweilige Schulstufe!

2. Klasse

LESEZUG

Laura und das Katzenbaby

Begleitmaterial
für den Unterricht

erstellt von
Mag. Eva Siwy

Körperteile einer Katze

Verbinde die Wörter mit dem Körperteil.

Hinterbein
Nase
Schnurrbart
Augen
Bauch
Vorderbein
Ohr
Schwanz
Kopf
Rücken

Finde alle Namenwörter!

Unterstreiche die Namenwörter rot und schreibe sie mit ihrem Begleiter auf!

Die kleine Katze hat sich unter einer Pflanze zusammengerollt und ist eingeschlafen. Laura drückt sie fest an sich. „Jetzt kommst du wieder nach Hause“, sagte sie zu der Katze. „Oder, Papa?“ Sie sieht Papa flehentlich an. „Karin kommt doch nach Hause?“ Da muss Papa seufzen und eine Träne wegwischen. „Ist gut. Wir behalten sie. Ein Katzenbaby braucht seine Katzenmama. Da kann man nichts machen.“

Beispielseiten aus dem Band „Laura und das Katzenbaby“ von Claudia Skopal

Alle Lesezug-Bücher finden Sie unter

www.lesezug.at

ISBN 978-3-7074-2518-5
2. Klasse, ab 6/7 Jahre

ISBN 978-3-7074-2452-2
2. Klasse, ab 6/7 Jahre

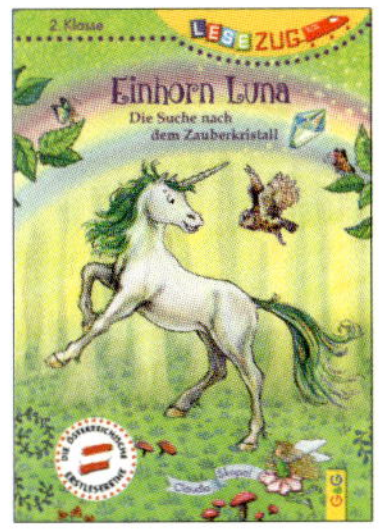

ISBN 978-3-7074-2376-1
2. Klasse, ab 6/7 Jahre

ISBN 978-3-7074-2346-4
2. Klasse, ab 6/7 Jahre

ISBN 978-3-7074-2241-2
2. Klasse, ab 6/7 Jahre

ISBN 978-3-7074-2426-3
2. Klasse, ab 6/7 Jahre

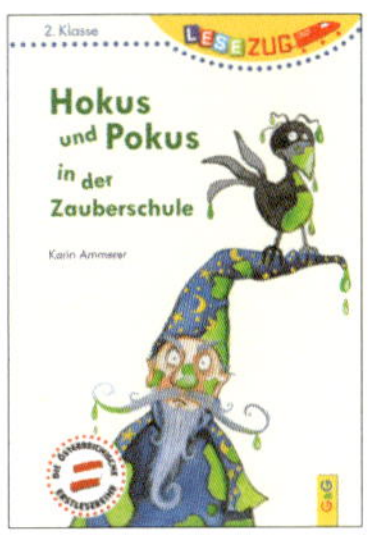

ISBN 978-3-7074-2005-0
2. Klasse, ab 6/7 Jahre

ISBN 978-3-7074-2142-2
2. Klasse, ab 6/7 Jahre

ISBN 978-3-7074-2104-0
2. Klasse, ab 6/7 Jahre

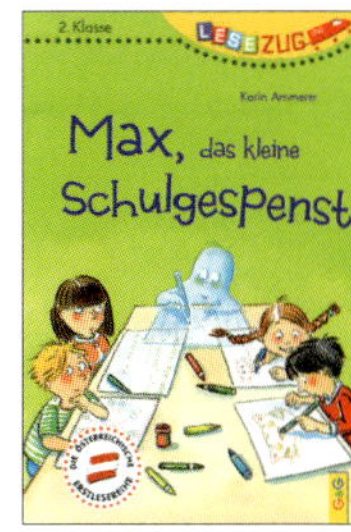

ISBN 978-3-7074-2093-7
2. Klasse, ab 6/7 Jahre

ISBN 978-3-7074-2066-1
2. Klasse, ab 6/7 Jahre

ISBN 978-3-7074-2035-7
2. Klasse, ab 6/7 Jahre

ISBN 978-3-7074-2168-2
2. Klasse, ab 6/7 Jahre

ISBN 978-3-7074-2004-3
2. Klasse, ab 6/7 Jahre

ISBN 978-3-7074-2003-6
2. Klasse, ab 6/7 Jahre

ISBN 978-3-7074-2094-4
2. Klasse, ab 6/7 Jahre

ISBN 978-3-7074-2034-0
2. Klasse, ab 6/7 Jahre

ISBN 978-3-7074-2262-7
2. Klasse, ab 6/7 Jahre

ISBN 978-3-7074-2210-8
2. Klasse, ab 6/7 Jahre